AF359693

FRAGMENT

D'UNE

CORRESPONDANCE;

PAR M. DE MIRABEAU.

Si le mal eſt bien conſidéré & connu, & que chacun veuille travailler à trouver les remèdes convenables, &, étant trouvés, les appliquer au mal ; il eſt très-certain que, bien qu'il ſoit grand, il ſera facile d'y pourvoir tellement que, non-ſeulement il ne croîtra, empirera & gaignera davantage ſur le corps de ce Royaume, mais s'appetiſſera, appaiſera & ceſſera du tout ; & cette France, étant retournée à ſa bonne convaleſcence, reprendra ſa première vertu, force & vigueur.

(Harangue prononcée par le Chancelier de Biragues, aux Etats de Blois, l'an M. D. LXXVI, le 6 Décembre).

MAI 1788.

FRAGMENT
D'UNE CORRESPONDANCE.

LETTRE PREMIÈRE.

Vous connoiſſez, mon ami, ma répugnance à parler des malheurs publics ; & cependant vous inſiſtez encore ſur votre demande. Je ne réſiſte plus à l'amitié. – Vous allez connoître à fond ma manière de voir & de penſer. Si mes idées vous paroiſſent vraies, vous en ferez l'uſage qu'il vous plaira. Je ſerai laconique & méthodique. Le trop parler embrouille les matières ; &, ſans l'ordre le plus exact, il eſt impoſſible de parvenir à ſaiſir l'enſemble d'un plan.

Vous recevrez trois Lettres de moi. Dans celle-ci, je vous peindrai fidellement notre état actuel : ce ſera le récit abrégé de nos maux. – Ma ſeconde Lettre vous en indiquera les caufes ; & , dans la troifième , je vous propoferai des remèdes ; car je vous jure qu'il en eft encore de certains & de faciles à appliquer. – Saififfez & retenez bien cette vérité confolante ; vous en aurez befoin pour parcourir fans défefpoir l'affreufe carrière qui va s'ouvrir devant vos yeux.

Quels font les biens d'une Nation ? Ses forces , fa richeffe , fon crédit , fa confidé-ration , fes loix & fes mœurs.

Les forces de la France font réelles : une nobleffe brave & toujours animée par le vé-hicule tout-puiffant de l'honneur , une ar-mée nombreufe , une marine formidable, la meilleure artillerie de l'Europe, des places fortes , quoique la plupart fe délabrent jour-nellement , faute d'entretien : voilà ce que nous offre le premier coup-d'œil : mais il eft certain que des inftitutions abfurdes & an-tinationales ont énervé nos troupes ; qu'un luxe exceffif & l'habitude honteufe de l'ef-clavage des cours ont aviii la majeure partie de la nobleffe ; que notre armée & nos vaif_

(5)

feaux ne peuvent fubfifter qu'avec de l'argent ; & nous allons voir s'il nous en refte.

1°. Depuis treize ans que le Roi eft monté fur le trône, nos dettes font accrues d'une fomme immenfe. Il exifte, entre la dépenfe & la recette annuelles, une différence de 120 millions. Le tréfor royal eft chaque mois obligé de recourir aux prêts ufuraires des financiers ; les financiers ne peuvent voler que la Nation ; &, parmi toutes les claffes des citoyens, fans en excepter même les hommes à argent, il n'en eft point qui ne dépenfe annuellement au-delà de fes facultés réelles ; d'où il eft néceffaire de recourir au crédit, comme feul & unique moyen de foutenir les dépenfes effectives, & de donner la folution du problême que préfente la difproportion effrayante de la recette à la dépenfe. Le crédit de la France eft près d'expirer ; il n'eft même, depuis long-temps, qu'un preftige également funefte à l'Etat, qui emprunte ; & aux individus, qui prêtent. Pour emprunter fans fe ruiner & fans expofer la propriété du prêteur , il faut qu'il exifte une affurance , un gage qui réponde de la valeur intrinsèque du prêt , ou du moins du payement des intérêts, fi le fonds eft aliéné. 2°. Que l'ufage auquel le prêt eft deftiné , libère l'Etat , plus que le nouvel emprunt ne le grève. – Or , depuis dix ans & plus , les produits des emprunts ont tour-à-tour difparu , fe font engloutis dans des gouffres profonds : des dons abfurdes , des déprédations indécentes , des bâtimens inutiles ; voilà ce qui a fucceffivement dévoré les fonds que le Gouvernement a arrachés , foit à la foibleffe trop facile du Parlement , foit à l'avide crédulité des prêteurs. -- Chaque emprunt a ajouté à la fomme du déficit annuel ; & les calculateurs ne peuvent plus chercher au crédit de la France , d'autre bafe & d'autre reffource , que la honte d'une banqueroute, que le Gouvernement ne peut faire fans renoncer à la confidération.

Examinons donc ce qui nous refte à perdre

de ce côté. Nous venons d'apprécier nos forces, nos richeſſes & notre crédit, qui font certainement les premiers moyens qu'ait un peuple pour acquérir une conſidération réelle.

Jettons un coup-d'œil fur notre gouvernement, qui, par un fyſtême fage, une conduite foutenue, auroit pu fans doute parer encore à beaucoup d'inconvéniens.

Notre gouvernement a été depuis le commencement de ce règne un véritable Prothée : fes métamorphofes fréquentes ne font pas les armes de l'aſtuce ; au contraire , il femble qu'on ait tour-à-tour épuifé tous les moyens d'être dupe ; il n'a trompé que la Nation, qui le paye & qui le foutient. — M. de Maurepas a caché au Roi toutes ces vérités. M. de Vergennes, dans les replis de fa politique tortueufe , n'a eu que le mérite de ne pas expofer un bâtiment dont il connoiſſoit le mauvais état. M. Turgot , qui aimoit les hommes fans les connoître, propofant toujours à contre-temps des projets utiles en

eux-mêmes, a fait parler le Roi en Législa-
teur, & l'a fait agir différemment.

M. Necker lui a succédé; & le Roi,
changeant de système comme de Ministre,
a consigné dans des préambules la pali-
nodie de tout ce que lui avoit fait dire
M. Turgot.

Je passe M. de Fleury, qui n'a pas eu le
temps de faire du mal; & M. d'Ormesson,
qui n'a pas eu celui de faire du bien.

M. de Calonne est venu consommer notre
ruine; il a osé proscrire jusqu'au nom de
l'économie; il a montré d'une main le déficit, il a osé parler en même temps de la
gloire de son maître & du bonheur de la
nation; & le nom du Roi, prostitué de nouveau, a revêtu de sa sanction ces absurdes
atrocités. -- Enfin, l'ancienne idole a été
détruite; le Roi a de nouveau fait des ex-
cuses à la nation; il a publiquement adopté
le sconseils des Notables, & a proposé aux
Parlemens des impôts aussi impraticables
qu'injustes. -- Les Parlemens ont refusé &

persisté

perſiſté dans leur refus , avec un courage qu'ils ne peuvent plus démentir , ſans ſe couvrir d'opprobre. – Le Roi a déployé toute l'autorité ſouveraine ; il a transféré le parlement à Troyes ; & comme s'il étoit écrit que les moindres circonſtances des démarches miniſtérielles duſſent porter le caractère de l'irréſolution & de la foibleſſe, cette grande réſolution a été priſe à minuit , ſur la ſeule crainte que des clercs de procureurs ne couronnaſſent le lendemain dans la rue les conſeillers qui devoient aller à la meſſe. Cette réſolution a été exécutée à trois heures du matin, comme une œuvre d'iniquité. – Le lieu de l'exil , qui étoit *Sens* , a été changé en celui de *Troyes ;* & ce changement ſi précipité, qu'il n'a été indiqué ſur les lettres que par une rature , a été , dit-on , cauſé par la réflexion d'un courtiſan , qui avoit dit, en liſant le nom de *Sens* : Ils pourront du moins pleurer ſur la tombe de M. le Dauphin. -- Le parlement arrivé à Troyes , on a négocié ; & pendant qu'on négocioit,

B

un arrêt du confeil , infultant pour la cour
fouveraine, a failli rompre toutes les négo-
ciations ; enfin le Roi a cédé ; il s'eft borné
à demander la continuation du fecond
vingtième : le parlement l'a accordée. Peut-
être a-t-il eu tort ; du moins a-t-il faifi
l'occafion d'articuler dans fon arrêté cette
vérité éternelle , que le peuple feul peut
confentir aux impôts.

Le retour du parlement a excité la joie du
peuple ; & elle a été tumultueufe de la part
du peuple de l'enclos du palais. Cette joie
bruyante a inquiété le gouvernement ; &
alors , contre une trentaine d'enfans , qui
tiroient des pétards , il a armé la garnifon
de Paris. Des bayonnettes nombreufes ont
entouré la ftatue d'Henri IV. On a tiré fur
un paffant, que l'on a heureufement manqué,
& on a arrêté fix artifans qui ont été relachés
depuis. -- Le lendemain le gouvernement a
cru qu'il falloit défendre légalement ce que
la veille il avoit tenté d'empêcher par la force.
Une ordonnance de police a menacé de

200 liv. d'amende ceux qui tireroient des pétards. L'ordonnance affichée , on a rayé un o , ce qui l'a réduite à 20 liv. Le foir , les pétards ont recommencé ; les foldats , avec leurs bayonnettes , ont été paifibles fpecta- teurs; & cette ridicule indulgence a néceffai- rement enhardi la populace. – *Le lendemain* elle a brûlé publiquement les effigies de ceux que le peuple accufe de fa ruine. La garde a encore regardé cette fcène inouie ; la police a fait diftribuer des pétards ; & le comman- dant du guet , l'homme du Roi , eft venu en- courager fes fidelles fujets à tranfgreffer fans crainte l'ordonnance de police encore affi- chée fur la place. – Quel eft l'homme , à qui , s'il a paffé ces trois jours dans la capitale , nous ofions encore prononcer le mot de confidération , en parlant de notre minif- tère ? – Notre confidération eft perdue , les bonnes chofes même ne s'effectuent que lâchement. La réforme de la petite écurie n'a pu fe faire , fans procurer au Duc de Coigny , déjà couvert des bienfaits du Roi ,

B 2

un dédommagement très-confidérable. ---
Quel eft auffi dans toute l'Europe le fruit de
notre conduite actuelle ?-L'Angleterre nous
ôte notre influence fur la Porte ; la Hollande
que nous devions foutenir , a été anéantie ,
avant même que le confolateur que nous lui
envoyions y fût arrivé. La Pruffe n'eft plus
notre amie ; & nous avons quitté un fyftême
de politique conftant , pour en prendre un
contraire à fes intérêts les plus chers..... - Il
n'eft que trop certain que nous n'avons ni
forces, ni richeffes, ni crédit, ni confidération. -- Voyons maintenant quel eft en
France l'état des loix & des mœurs.

Les loix fondamentales exiftent ; mais elles
font conftamment méconnues ; les loix civiles
font obfcurcies par la nuée des commenta-
teurs : il faut traverfer toute la fange de la
chicane , pour pénétrer à leur fanctuaire ;
& l'on n'y trouve qu'une compilation in-
forme des coutumes locales des Barbares
qui habitoient anciennement nos forêts, &
des loix dictées par les Empereurs aux Ro-

(13)

mains, qui n'avoient ni nos mœurs, ni nos
coutumes, ni notre gouvernement. -- Les
loix criminelles, refte impur du droit
canonique, fe fentent de l'atroce inhuma-
nité des prêtres, & ne font que des loix de
fang. Je ne m'appefentirai pas fur les détails.
Vous connoiffez mieux que moi tous les
vices de nos deux codes, & j'aurai occafion
de vous parler encore des loix fondamentales de la Monarchie.

Quant aux mœurs nous n'en avons plus,
& c'eft vouloir prouver l'évidence, que de
démontrer cette affertion. La cour eft plus
que jamais un vil repaire où des courtifans
affamés fe difputent nos dépouilles qui tom-
bent des mains du Monarque. Paris eft le
réceptacle de tous les vices. Je n'en citerai
que deux preuves : les pères de famille
placent leurs biens à fonds perdu ; & dans
la crife affreufe où nous fommes, les fpecta-
cles font totalement remplis, & le public
indifférent n'eft plus que fpectateur de fes
propres maux. --- L'affaire Kornmann ,

l'affemblée des Notables , Tarare , l'exil du Parlement , & Rufe contre Rufe , ont tour-à-tour partagé l'attention publique ; & ces objets fi difparates n'ont excité dans l'ame abrutie des Parifiens qu'un égal degré d'intérêt. Je n'ajoute rien à ce tableau , mon cher ami ; les provinces en font des copies fidelles. -- Je ne vous ai tracé qu'une efquiffe légère de nos maux ; j'efpère dans ma première Lettre vous en indiquer les caufes.

LETTRE IIe.

LES caufes du mal actuel peuvent fe réduire à fix :

1°. L'oubli des principes conftitutifs de la monarchie ;

2°. La féparation établie entre les intérêts du gouvernement, & ceux de la nation.

3°. La fluctuation perpétuelle dans les plans & dans les principes des Miniftres.

4°. Le féjour de la plus grande partie de la nobleffe, tant à la cour, qu'à Paris.

5°. Le crédit extrême des gens à argent.

6°. L'efpèce d'explofion fubite que la philofophie a faite en Europe, dans l'efpace de *trente ans*.

Parcourons enfemble ces différens articles. Un fimple coup-d'œil vous y fera trouver la fource de tous les maux que nous déplorons.

PREMIERE CAUSE.

On a oublié les principes conftitutifs de la monarchie. — On a fait plus ; on a ofé nier qu'il en exiftât. -- Je ne vous replongerai pas dans le cahos des antiquités : il nous fuffit de faifir les principaux points de notre *hiftoire*. -- Que fommes-nous originairement ? des Francs fortis, fous la conduite d'un chef électif, des forêts qui ne pouvoient plus fuffire à notre exceffive population ; nous avons envahi les gaules, & nous nous y fommes établis. - Deux claffes d'hommes compofoient la nation ; les vaincus & les vainqueurs. Les vaincus étoient ferfs ; & les vainqueurs, fouverains : mais, comme il falloit avoir un point de réunion, dans le cas d'une nouvelle guerre, le chef fous lequel on avoit vaincu , conferva une prééminence ; il fut fouverain , & fes foldats furent vaffaux. Le chef s'engageoit à les conduire à la victoire ; & les foldats promettoient de l'y fuivre. – Ces faits généralement connus font au-deffus de toute *contradiction*. Pendant longues années, nous n'eumes aucune autre forme de gouvernement : le Roi & les grands vaffaux fe réuniffoient à des temps fixes ; ils faifoient les loix conjointement, remédioient aux abus, régloient les fubfides , & fixoient l'ordre de fucceffion à la couronne (*a*), le tout conféquemment au but de l'affociation primitive, qui ne tendoit qu'à conferver les anciennes conquêtes, ou à en faire de nouvelles. Enfin, les hommes s'étant raffemblés dans les villes, & l'état eccléfiaftique ayant tiré de la claffe des

ferfs

ferfs ceux qui l'avoient embraffé , il y eut
en France un tiers-état : dès que le tiers-
état eut acquis une confiftance , il fut ap-
pellé aux affemblées générales ; il y eut
voix ; il fut confulté comme les nobles ; &,
en (*b*) 788 , il eft clairement énoncé ,
comme membre des états-généraux , fous
la dénomination de *cives oppidani.*

Ce fut au choix de la nation , que Pepin
dut fa couronne. Charlemagne affembloit
annuellement (*c*) les repréfentans du peuple : il leur demandoit des confeils , des cor-
rections ; il les fuivoit, s'y foumettoit ; &
jamais il ne fut plus grand que lorfque dans
un édit il prononça ces paroles mémora-
bles : — *Capimus per faluberrimam correc-*
tionem, quod noftrâ defidiâ & ignorantiâ hac-
tenus neglectum eft, confultu fidelium, quan-
tùm in nobis , ftudiofiffimè emendari. Capit.
t. 1 , p. 636 (*d*).

Hugues-Capet s'étant élevé fur les ruines
de la feconde race , notre conftitution ne
fut point changée ; mais , pendant plufieurs

règnes, la correfpondance entre le trône &
la nation fut, pour ainfi dire, interrompue:
déchirée par des factions & par la révolte
des grands vaffaux, la France pâtit & gémit;
elle fe gouverna par fes coutumes locales;
enfin, en 1324, Philippe-le-Bel convoqua
les états ; il voulut enfuite impofer fans
leur confentement. Les collecteurs furent
maffacrés , & les impôts ne furent point
perçus. En 1338 , fous Philippe de Valois,
il fut ftatué, en préfence du Monarque,
qu'il ne pourroit être levé d'impôts fans
urgente néceffité , & de l'octroi des gens
des Etats.

Je ne fuivrai pas plus loin l'hiftoire de
nos états-généraux : leur droit eft conftaté,
certain ; il eft une fuite de la liberté natu-
relle, il eft une fuite du nom de Francs que
nous portons ; il eft appuyé fur une expérience de plufieurs fiècles ; il eft fondé fur
des loix écrites & confenties par le Souverain
lui-même. Je puis donc pofer, comme un
principe fondamental de la monarchie,cette

aſſertion inconteſtable : Le Peuple François ne peut être impoſé que par ſon conſentement. --

A ce premier principe je ſuis en droit d'ajouter celui-ci : Aucune loi ne peut exiſter , en France , ſans avoir été enrégiſtrée dans les cours ſouveraines. --

Je ne remonterai pas , pour l'établir , à l'inſtitution des Parlemens ; je ne ſuivrai pas, dans tous les détails, les différentes variations qu'ils ont éprouvées. En 1372, on trouve un enrégiſtrement au Parlement de Paris ; il y eſt fait mention d'une proteſtation à ce contraire (*e*). -- Depuis cette époque, l'uſage d'enrégiſtrer a été conſtant ; aucune loi n'a été reçue du peuple , ni obſervée , ſans cette formalité néceſſaire. -- Les Parlemens ont ſouvent refuſé leur acquieſcement ; & alors les Rois ont retiré leurs ordonnances : d'autres fois les Princes ont inſiſté ; & le Parlement a fait mention de ſa réſiſtance antérieure , & de ſon obéiſſance forcée. -- Le traité de Madrid a été préfenté aux cours fouveraines, à la réqui-fition de Charles-Quint, qui, ne regardant comme une loi que ce que le Parlement avoit fanctionné, refufoit de rendre les ôtages, avant l'enrégiftrement des avantages que le traité lui affuroit. Léon X exigea l'enrégif-trement du concordat. -- Plufieurs de nos Rois ont eux - mêmes défendu aux cours fouveraines de permettre l'exécution de cel-les des ordonnances royales qui ne leur auroient pas été adreffées pour être enré-giftrées légalement; & le chancelier Olivier, dans un mémoire concernant les droits du Roi fur le Comté de Piémont, détruit en un mot l'objection tirée de la ceffion que François Premier en avoit faite, en difant que : « Jaçoit que lefdites lettres foient adreffées au Parlement de Provence & Chambre des Comptes dudit pays & ail-leurs ; ce néanmoins n'y en a aucune véri-fication , non pas même ne y ont été pré-fentées, ce qui toutefois eft requis & né-ceffaire, tant de difpofition de droit, que par les ordonnances du royaume & des pays de Provence ; & partant lefdites lettres demeurent encore fans effet aucun, tant qu'elles foient vérifiées ». -- *Recueil d'or-donnances, chez Chevalier, Paris, 1623, p. 114.*

Les autorités , & mille autres qui font connues de vous comme de moi , établif-fent évidemment l'exiftence du fecond principe de la monarchie.

On a oublié l'un & l'autre. Le gouvernement a redouté les états-généraux ; le gouvernement a tenté d'énerver la réfiftance des Parlemens; & de nombreux lits-de-juftice ont fait fucceffivement paffer les édits les plus défaftreux.

Voilà l'une des fources les plus abondantes de nos maux : les impôts fe font accumulés , parce que le peuple n'a pas eu de moyens de faire entendre au Roi fes juftes doléances ; les loix mauvaifes fe font entaffées , ou, pour être plus vrai, les violations des bonnes loix fe font rapidement fuccédées , parce que le Parlement n'a pu faire entendre fes remonsrances , & a vu échouer fa réfiftance inutile, contre l'appareil defpotique des lits-de-juftice.

SECONDE CAUSE.

La féparation établie entre le gouvernement & la nation.

Le bien du Roi , (difoit Charles VIII, par la bouche de fon chancelier, aux états de Tours en 1483) le bien du Roi eft le bien & profit du royaume : le dommage du Roi eft le dommage du royaume ; & le dommage du royaume eft le dommage du Roi.

L'oubli de cette maxime eft une des principales caufes de nos maux. -- Le Roi, qui ne peut être rien fans fon peuple, s'en eft défait & réellement féparé. Commander d'une manière abfolue, impofer le plus poffible, ne rendre aucun compte des dépenfes, faire à la couronne des créatures toujours prêtes à la fervir , même contre la nation, en prodiguant les graces & les penfions à ceux qui les méritent le moins, ifoler le militaire, & lui infpirer un efprit tellement dirigé, que fon bras, inftrument aveugle, frappe indifféremment amis & ennemis, au premier ordre de fon chef; voilà le plan de conduite adopté & fuivi par tous les Miniftres du Roi, depuis la minorité de Louis XIV. Les victoires de ce grand Monarque enivrèrent d'abord les François, & leur fermèrent les yeux fur cette funefte révolution. Paris fut abandonné par la cour : on craignit les révoltes; elles ne font jamais caufées que par un mauvais gouvernement; on aima mieux fuir le peuple, que de lui plaire. Caché dans Verfailles, entouré de flatteurs & de valets, le Roi ne connoît plus fon peuple; il ne foupçonne le mécontentement, que quand le défefpoir eft à fon comble. Les Miniftres peuvent mentir impunément; & le Monarque le meilleur, le plus jufte, dès qu'il a quitté une fois fa Capitale, dès qu'il a ceffé de vivre au milieu de fon peuple, feul

atmofphère qui lui convienne, s'endort &
périt dans l'atmofphère factice & peftilentiel
qui l'environne. Louis XV a vécu trente
ans, trompé, malheureux & haï. Louis XV
avoit fini par rendre à fon peuple haine
pour haine ; il amaffoit des tréfors pour
lui feul ; il refufoit, dans les payemens qui
lui étoient perfonnels, les effets royaux dé-
crédités ; il étoit riche dans un royaume
appauvri ; il fe confoloit, dans fon inté-
rieur, des calamités publiques. Ah ! mon
ami, les moyens qui ont conduit un bon
Prince à cet abominable réfultat, font des
moyens bien criminels !

TROISIEME CAUSE.

*La fluctuation perpétuelle dans les plans &
dans les principes des Miniftres.*

Cette fluctuation ne peut fe nier. Louis
XVI feroit effrayé de toutes les chofes
contradictoires qu'on lui a fait dire depuis

(25)

puis qu'il règne ; & cela ne peut être autrement. Les Miniftres fe font rapidement
fuccédés , tour-à-tour pouffés & chaffés par
des cabales contraires ; le Miniftre en place
a toujours eu l'intérêt de prouver que fon
prédéceffeur avoit eu tort : de-là il eft néceffairement arrivé que le fucceffeur d'un
bon Miniftre étoit forcément mauvais, parce
qu'il n'y a qu'une manière d'être bon ;
tandis que le fucceffeur d'un mauvais Miniftre pouvoit aifément être mauvais lui-
même, fans lui reffembler ; parce qu'il
y a mille & mille manières de faire du
mal.

Je n'en dirai pas davantage fur cet ar-
ticle ; je n'écris pas pour écrire, mais pour
être entendu ; & fans doute vous m'en-
tendez.

QUATRIEME CAUSE.

*Le féjour de la plus grande partie de la
Nobleffe, tant à la cour, qu'à Paris.*

Le Cardinal de Richelieu , arrivant au

D

miniſtère dans un temps où l'autorité royale étoit attaquée par les grands, inſtruit, par l'expérience, du danger des guerres civiles, dont il ne réſultoit qu'un affoibliſſement réciproque & plus ſenſible pour le Roi, en raiſon de l'étendue de ſes poſſeſſions; le Cardinal de Richelieu uſa d'une ſaine politique, en attirant à la cour ces vaſſaux indomptables, en les accoutumant au joug, en les aviliſſant par le métier abject de courtiſan : ils conſumèrent leur patrimoine en objets de luxe, ils ne reçurent que quelques penſions, ils oublièrent les provinces, où ils étoient tout ; & , fixés à la cour , où ils n'étoient rien , ils laiſsèrent inſenſiblement ſe détruire ces fortereſſes dangereuſes qui avoient ſervi de repaire à leurs ancêtres, & les rendoient ſi redoutables. -- Juſque-là tout étoit bien , mais il auroit fallu s'arrêter: le Roi eſt devenu ſeul puiſſant , toutes les places fortes ſont entre ſes mains , l'armée entière n'obéit qu'à lui , les fortereſſes des nobles ſont démolies, & ne peuvent plus ſe relever. Des guerres de religion ſont déformais impoffibles. Il n'y a qu'un délire impardonnable qui ait pu faire perfifter le gouvernement dans un plan que Richelieu eut raifon d'adopter pour quelques années, & qui , prolongé plus long-temps , n'a produit que des effets funeftes.

Il falloit affoiblir la nobleffe ; & on l'a détruite : fes dépenfes à Paris & à la cour font annuellement augmentées dans une proportion femblable à celles dans lefquelles les fermes négligées & livrées à des ré-giffeurs, ont décru. Aujourd'hui ces nobles ruinés environnent le trône, & demandent avec une importunité & une infolence qui accompagnent toujours le gentilhomme mendiant. Il faut que le Roi les foutienne par des dons , il faut que le peuple paye ces dons ; & le noble qui les reçoit de la main du Roi , ne voit plus que le Roi , ne fert que le Roi , & devient facilement le foutien du defpotifme ; foutien dangereux, qui n'exiftera que tant qu'il fera alimenté , & qui ne peut l'être que par le peuple même qu'il opprime.

CINQUIEME CAUSE.

Le crédit extrême des gens à argent.

L'argent attire l'argent ; dès l'inftant où quatre perfonnes fpéculent avec une égale intelligence & des fonds inégaux , le plus fort capitalifte eft fûr de dévorer les autres. Deux cens individus font aujourd'hui avec le refte du royaume dans ce rapport effrayant. Il n'y a d'argent qu'entre leurs mains ; le Roi , qui en veut , leur en achète ; & cet achat fait rentrer dans leur caiffe plus de fonds qu'ils n'en ont forti. Il faut cependant un terme à tout ; & celui de ce commerce ne peut être que la ruine du royaume. Qu'eft-il arrivé depuis long-temps ? Toutes les réformes propofées ont été étouffées dans leur naiffance, dès qu'elles ont menacé cette redoutable claffe de financiers. -- Combien de fois des Miniftres n'ont-ils pas fait ce raifonnement barbare : *Il nous faut de l'argent , & beaucoup ?* Le peuple eft mécontent, & peut n'en plus vouloir donner dans un moment urgent ; il faut donc ménager les financiers , qui lui prennent en détail ce qu'ils nous donneront en maffe , à notre première réquifition.

Chaque renouvellement du bail des fermes a éprouvé une augmentation qui n'a nulle proportion avec celle du prix des denrées. D'où cela vient-il ? De deux chofes l'une ; ou la ferme n'eft pas encore à fa valeur , ou bien elle augmente fa perception , à mefure que le Roi ajoute à fes demandes. Dans le premier cas, il eft bizarre que cette valeur foit encore inconnue ; dans le fecond , il eft affreux que le degré de preffion à exercer fur le peuple foit arbitraire. Une perception plus rigoureufe eft un véritable nouvel impôt, & ne doit être exercée que du confentement des Etats.

Le luxe des financiers eft encore un vice à réprimer : il humilie la nobleffe , & achève de la corrompre par les efforts qu'il lui fait faire pour l'imiter ; il raffemble dans la capitale toutes les productions qui alimenteroient les provinces ; il est la première cause du funeste abus des placemens viagers. Les financiers, presque tous sortis des dernières classes de la société , ont laissé dans les différens degrés de fortune qu'ils ont parcourus , des traces d'un luxe successivement accru , & que tous les citoyens ont imité du plus au moins.

SIXIEME CAUSE.

L'explosion subite de la philosophie.

C'est sans doute une excellente chose que la communication des lumières. L'horreur du fanatisme , le mépris de la superstition , la connoissance des droits de l'homme & des devoirs des Rois , font certainement préférables aux ténèbres profondes dans lesquelles nous avons si long-temps langui ; mais ces grandes vérités doivent être présentées avec modération & prudence, elles doivent l'être successivement ; leurs apôtres doivent être des hommes sages , fimples, doux & modérés ; le fanatifme de la philofophie eft prefque auffi nuifible que le fanatifme de la fuperftition. Si l'un conduit à des excès, le fecond conduit à l'égoïfme. La maxime *ubi benè, ibi patria*, devient la maxime de tout le monde. On ceffe de gémir fur les maux publics, on fe concentre dans fon intérêt perfonnel, & même les calamités de la nation deviennent fouvent pour l'individu le fondement & la fource de fes jouiffances. A quel excès l'abus de la philofophie ne s'eft-il pas porté ? Les livres les plus abfurdes & les plus féditieux ont bouleverfé toutes les têtes ; des hommes, non moins avides que hardis, ont femé dans leurs ouvrages, & fouvent dans la feule vue de les faire vendre, des maximes fubverfibles de toute efpèce de fociété. Le nom de la philofophie a tout couvert, tout autorifé. Je fuis philofophe eft devenu l'excufe & la profeffion de foi de tous les hommes vicieux. Le célibataire eft philofophe, le financier eft philofophe, le banqueroutier frauduleux eſt philoſophe, le prêtre même, dont les débauches profanent l'autel qui le ſubſtante & l'enrichit ; le prêtre, dis-je, eſt philoſophe ; & on a vu juſqu'à des voleurs de grand chemin couvrir de ce nom faſtueux les brigandages qui les ont conduits à la roue.

Nous avons parcouru, mon cher ami, les différentes ſources de nos maux ; nous allons maintenant voir quels ſont les remèdes qu'il eſt poſſible d'employer. Ce ſera l'objet de ma troiſième Lettre.

LETTRE IIIe.

JE vous ai indiqué, mon cher ami, les cauſes de l'état de ſouffrance dans lequel la patrie languit ; c'eſt principalement de leur deſtruction que nous pouvons attendre la ceſſation de nos malheurs.

1°. Faire revivre & rendre déſormais inattaquables les principes conſtitutifs de la monarchie.

2°. Rétablir

2°. Rétablir l'heureuse harmonie qui doit subsister entre le Roi & la nation.

3°. Rendre désormais impossible la fluctuation perpétuelle dans les plans du ministère.

4°. Rendre à la population des provinces, la plus grande partie de la noblesse, que l'amour du luxe & la cupidité retiennent à Paris & à la cour.

5°. Soumettre à des réformes sévères la classe des financiers.

6°. Enfin, obvier, par de bonnes loix & une surveillance attentive sur les mœurs, aux inconvéniens de la nouvelle philosophie.

Développons ces différens objets.

1°. Faire revivre & rendre désormais inattaquables les principes constitutifs de la monarchie.

Ces principes, comme nous l'avons vu, se réduisent à deux ; la nécessité du consentement de la nation pour établir toute espèce d'impôt ; la nécessité de l'enregistrement dans les cours souveraines pour sanctionner les nouvelles loix.

E

Le fecond principe n'eft nié par perfonne, il eft feulement éludé par des lits de juftice. Il eft évident que, s'il fuffit pour faire paffer une loi quelconque de l'ordre exprès du Roi féant en fon lit de juftice, la réfiftance du parlement devient illufoire : & il doit arriver de deux chofes l'une ; ou il enregiftre contre le vœu de fa confcience, & alors il confacre & confomme l'iniquité ; ou bien il protefte contre l'enregiftrement, prononce qu'il eft illégal, que l'édit n'eft point une loi ; & alors cette déclaration eft un véritable appel au peuple, & feroit chez une nation moins avilie, le fignal de la réfiftance.

Il eft jufte, il eft néceffaire au peuple, & utile, même au Roi, que le refus d'en-regiftrement foit à jamais une barrière in-furmontable aux entreprifes du miniftère ; il feroit indifpenfable de fixer invariable-ment la nature des édits à foumettre à l'en-regiftrement.

Cette formalité doit fe borner aux loix qui difpofent de la liberté du citoyen, &

il feroit dangereux fans doute d'accorder au parlement une influence journalière fur toutes les opérations du gouvernement.

Le confentement du peuple aux impôts néceffite l'affemblée des Etats ; leur convocation eft utile, & leur convocation eft facile : deux propofitions que je vais tâcher de démontrer.

L'affemblée des notables convoquée fous de mauvais aufpices, environnée de piéges & de féductions, a cependant produit un grand bien ; elle a éclairé la religion du Roi, percé le nuage dont s'enveloppoient les iniquités miniftérielles, néceffité la chûte de M. de Calonne, & fait apprécier fa conduite, fes vues & fes moyens, quelque impofant que fût le phantôme qu'on lui préfentoit : & cependant cette affemblée n'avoit aucun pouvoir ; mais elle avoit ce qui tient néceffairement au fiècle, beaucoup de lumières, & peu de préjugés. Les nobles & les prêtres même, ont avoué, à la face de la nation, qu'ils devoient fupporter, ainfi que le peuple, les charges de l'Etat;

ils ont, pour ainſi dire , renoncé à des privilèges auſſi anciens que la monarchie. Que cette renonciation ſoit le fruit du patriotiſme , ou l'effet du progrès des lumières , il eſt certain qu'elle exiſte , & qu'elle recevra dans les états-généraux une ſanction irréfragable. Pour nous convaincre de l'utilité des états - généraux , il nous ſuffit de jetter les yeux ſur ceux qui ont été précédemment tenus. Nous verrons , dans toutes leurs doléances , courage , franchiſe & lumières ; & , en parcourant les différentes cauſes qui les ont rendus moins efficaces , nous verrons que la plus grande partie ne ſubſiſte plus.

Les états-généraux tenus ſous Charles VI, après avoir nommément indiqué au Roi les déprédateurs de ſes finances , s'expliquent ainſi : *ils diront qu'ils ſont prêts de montrer leur état, comme ſi ce fût réponſe ſuffiſante & profitable ; & jà ſont venus en requérant qu'on leur baille commiſſaires qui viſitent leur état ; mais ſous correction , quand ce vient au fait, telle réponſe eſt inutile. Qui*

voudroit favoir qui mangea le lard , il fau-
droit enquerre quelle fubftance ils pouvoient
avoir quand ils entrèrent èfdits offices , &
quels gages ils avoient en leurs offices , &
quelle fubftance ils ont de préfent , les
grandes rentes & poffeffions qu'ils ont ac-
quifes, les grands édifices qu'ils ont fait faire.

Les Etats indiquèrent , avec la même
franchife , tous les abus dont ils purent
avoir connoiffance. *Quant au fait de votre
chancellerie* , difoient-ils encore, *il eft bien
fu que votre chancelier de France a foutenu
maintes grandes peines , & eft bien digne
d'avoir grands profits , voire fans préjudice
du bien commun ; mais combien que pour
fes gages il ne doive avoir que deux mille
livres Parifis , néanmoins depuis vingt ans
en ça , il en a pris outre lefdits deux mille
livres Parifis , & outre le don de deux mille
francs fur les émolumens du fcel. Item &
outre ce il a pris le regiftre de
& des rémiffions qui montent fur chacune
vingt fols Parifis , & peuvent monter par
an en une grande fomme d'argent. Item &*

avec ce il a pris deux mille francs fur les aides ayant cours fur le fait de la guerre. Item & avec ce il prend chacun an deux cens francs pour fes vétemens. Item il a pris & prend chacun an fur le tréfor pour fa chancellerie de cinq à fix cens livres Parifis. Item & outre les chofes deffus dites, il a eu fur les tailles & impofitions plufieurs grands dons qui fe peuvent eftimer à une grande fomme d'argent. Item il a légerement paffé & fcellé lettres de dons exceffifs, fans faire quelque réfiftance; & ces particularités feront prouvées par les comptes de Michel de Sabulon, d'Alexandre Bourfier, & de plufieurs autres, qui ne fe font pas feints d'y faire leurs foupes.

Ces doléances furent écoutées. Les dé-prédateurs furent arrêtés, ou fe fauvèrent; un nouveau régime fe feroit établi, fi la maladie de Charles VI ne l'avoit rendu, peu de temps après, incapable de gouverner, & n'avoit de nouveau livré fon royaume aux brigands qui le dévoroient.

Les Etats tenus à Tours, fous Charles VIII, après l'avoir fortement engagé à

prendre ſa dépenſe perſonnelle ſur ſon do‑
maine, à ne détourner à aucun autre uſage
les aides deſtinées aux frais de la guerre,
demandent *que ne ſoit impoſées ni exigées
leſdites tailles ni aides équipolent à tailles,
ſans premièrement aſſembler leſdits trois Etats,
& d'éclairer les cauſes & néceſſités du Roi
& du Royaume pour ce faire, & que les gens
deſdits Etats le conſentent en gardant les pri‑
vilèges de chacun pays.*

*En ce faiſant, offrent les gens deſdits
trois états ſur toutes les choſes deſſus dites
de leur part, ſi grandement eux employer, que
le Roi & Meſſeigneurs de ſon Sang & de ſon
Conſeil en devront être contens.*

Nous trouverons dans tous les cahiers
des états‑généraux le même zèle pour le
bien public, & le même attachement au
Roi. Si leur convocation n'a pas toujours
été utile, je crois qu'il en faut chercher
la cauſe dans quelques inconvéniens qui
n'exiſtent plus aujourd'hui; les uns, comme
les états de Blois, ont été convoqués ſous les
auſpices du fanatiſme & de l'ignorance. Les
guerres de religion détruiſirent totalement

dans les deux partis l'amour du bien public.
Les états de Blois divisés en deux factions
ne parlèrent des intérêts du peuple que par
hafard ; & leurs réclamations à ce fujet ne
furent qu'une efpèce de cadre, où ils placè-
rent celles qu'ils avoient intention de faire
en faveur des intérêts du ciel.

Les états antérieurement tenus dans des
circonftances difficiles, eurent à combattre
deux ennemis, dont il étoit bien difficile
de triompher : les gens de guerre & l'ignorance.   Les gens de guerre, tous les jours
néceffaires au Roi, & fentant le befoin qu'il
avoit d'eux, ne recevant point régulière-
ment leur folde, & cela faute de moyens
de la payer, fouloient impitoyablement le
peuple, quoiqu'il pût dire. L'ignorance
dans laquelle nos Rois étoient élevés, le
défaut de l'imprimerie, feul moyen d'éter-
nifer les vérités utiles, & de les placer fans
ceffe fous les yeux des Rois ; tout en un
mot, contribuoit à faire facilement oublier
des doléances que le prince n'avoit en-
tendues qu'une fois, & qui ne lui étoient

jamais

jamais rappellées par des Miniftres & des courtifans intéreffés à ce qu'on n'y eût aucun égard; aujourd'hui le Roi, les grands & le peuple font inftruits; l'opinion publique , que les livres portent néceffairement jufqu'à l'oreille des Rois, eft devenue pour leurs Miniftres un furveillant qu'ils redoutent, ou qu'ils aiment, en raifon de la droiture ou de la corruption de leurs vues. Il n'exifte plus en France aucun levain de fanatifme; les gens de guerre difciplinés & payés, ne feroient à craindre au peuple , que fi le defpotifme les armoit jamais contre lui.   Aucun des inconvéniens qui ont rendu la convocation des états peu fructueufe, ne nuiroit aux bons effets que nous pourrions raifonnablement attendre d'une nouvelle convocation.   J'ai prouvé qu'elle étoit utile ; mais eft - elle en effet praticable ?   Cette queftion ne fera pas difficile à réfoudre.

1°. J'ai entendu dire à plufieurs perfonnes que la demande des états ne pouvoit être faite que par des ignorans; qu'en fuppo-

F.

fant que le Roi voulût l'accorder, le nombre & la qualité des fiégeans préfenteroient
des difficultés infurmontables ; qu'il n'y
avoit fur cela aucun principe fufceptible
d'être adapté aux circonftances. Cette objection faite avec l'air de la confiance, m'a
quelque temps arrêté ; mais j'en ai trouvé
la réponfe dans la déclaration du Roi
Henri III, adreffée à tous les Maires de
Ville, Bailliages, &c., le 6 Août 1576,
dans laquelle il annonce le defir de faire
tenir les etats-généraux.

Pour à quoi fatisfaire, nous voulons,
vous mandons, & très-expreffément enjoi-
gnons, qu'incontinent après la préfente reçue,
vous ayez à fon de trompe & cri public,
ou autrement, à convoquer & faire affembler
en la principale ville de votre reffort, dedans
le plus bref temps que faire fe pourra,
tous ceux des trois états d'icelui, ainfi qu'il
eft accoutumé faire, & que ci-devant s'eft
obfervé en femblable cas, pour conférer &
communiquer enfemblement, tant de remon-
trances, plaintes & doléances, que moyens

& avis qu'ils auront à propofer en l'affemblée générale de nofdits états ; &, ce fait, élire, choifir & nommer un d'entr'eux de chacun ordre, qu'ils enverront, & feront trouver, audit jour quinzieme du mois de Novembre, en notredite ville de Blois, avec amples inf-tructions & pouvoirs fuffifans, &c. &c.

2°. Il nous refte encore la lifte de tous les membres des différens états tenus, & le procès-verbal de ceux de Blois, que nous avons tout entier en règle, jufqu'aux préféances.

Les états-généraux font faciles à convoquer. Ils font utiles à la Nation, qui, par leurs moyens, ne fera plus arbitrairement impofée ; ils font utiles au Roi, qui, certain de trouver dans leurs réclamations le vœu de fon peuple, ne fera plus livré exclufivement aux fuggeftions de fes Miniftres, & environné de leurs opinions.

Ce grand bien doit nous venir de deux manières ; du propre mouvement du Roi, ou de la perfévérance du Parlement. Dans le principe qu'il vient enfin d'avouer & de consacrer authentiquement par de nombreux Arrêtés, si le Parlement enrégistre un seul impôt, il se déshonore, & cause la ruine de l'état. *Je dois la vérité à mon Roi,* disoit Pasquier ; *c'est une charge foncière annexée à ma conscience & à mon état, dont je ne puis me dispenser sans commettre félonnie envers lui.* Si taire la vérité est une félonnie, que sera-ce donc que de la méconnoître, & de l'abandonner lâchement, après l'avoir annoncée?

Le Ministre qui croiroit se soustraire à ce résultat forcé, en ne présentant plus les édits à l'enrégistrement, exposeroit l'autorité du Roi, & seroit criminel de lèze-Majesté ; puisque cette seule démarche tendroit à le précipiter du trône de la monarchie, que soutiennent l'amour du peuple & les loix, pour l'asseoir sur le trône chancelant & abhorré du despotisme. Mais nous n'avons rien à craindre de pareil, sous un Prince qui peut être trompé, mais pour qui la première apparition de la vérité est toujours le signal de la proscription des abus que la vérité lui dénonce. Ce que ne feroient pas les Miniſtres les plus corrompus, la foibleſſe du Parlement pourroit le faire. Qu'il ſe rappelle toujours les engagemens ſacrés qu'il a pris à la face de la Nation ; qu'il ſe rende digne de ſon eſtime & de ſa confiance, & que chacun de ſes membres ſe ſouvienne qu'il occupe la même place qu'ont ſi dignement remplie les Molé, les Harlay, les Lemaître, les Briſſon, les Potier, & ce reſpectable Servin, qui mourut dans un lit-de-juſtice, en défendant la Nation contre les entrepriſes du Fiſc, & qui mérita cette belle épitaphe :

Servinum una dies pro libertate loquentem (e)
Vidit, & oppreſſâ pro libertate cadentem.

Je terminerai ce paragraphe par les paroles d'une de ſes harangues :

Sire, diſoit-il à Louis XIII, *nous trouvons fort étrange que Votre Majeſté procède à la vérification de ſes édits, par des voies ſi extraordinaires, que de venir en ſa Cour de Parlement contre les anciennes formes gar-*

dées de tout temps par vos prédécesseurs Rois, & par vous jusqu'à hui ; de nous envoyer vos édits, pour, en liberté de conscience, en dire nos avis, & les préfenter à votre Cour, qui en délibéreroit en toute liberté ; &, lorfqu'elle les trouvoit de juftice, les vérifioit à votre défir : mais, fi au contraire ils n'étoient trouvés juftes, votre Cour faifoit des remontrances qui étoient toujours prifes de bonne part..... Mais aujourd'hui, Sire, fans aucune apparence de toutes ces chofes, & vous étant prévenu de mauvais confeils, venez en notre Cour, pour, par la fplendeur de Votre Majefté, qui doit fervir » de terreur à tous vos ennemis, nous ôter » le moyen de délibérer avec la liberté de » nos confciences, & vous repréfenter les » inconvéniens qui peuvent arriver de l'exé- » cution de ces édits injuftes, qui pourront » un jour être caufe du foulevement de vos » peuples, & qui les contraindront de faire » des peuplades pour habiter des terres étran- » geres où ils trouveront des dominations » plus douces que la vôtre. Pardonnez, Sire,

» *à cette liberté Françoise qui nous fait*
» *ainsi parler , & prêtez l'oreille aux cla-*
» *meurs de la veuve & de l'orphelin qui*
» *gémiffent fous le faix des impôts, ce qui*
» *vous eft diffimulé par vos confeils , & qui*
» *vous eft repréfenté aujourd'hui par votre*
» *Cour de Parlement, de laquelle font fortis*
» *tous les bons & falutaires confeils qui ont*
» *jufqu'ici été donnés à vos prédéceffeurs & à*
» *vous , & qui vous a fait entendre la né-*
» *ceffité de vos peuples ». M. Servin termin afa*
harangue, en déclarant que tous les malheurs
que les édits pourroient caufer , devoient être
imputés à ceux qui avoient donné au Roi de fi
mauvais confeils ; les noms & dignités def-
quels nous fupplions très-humblement Votre
Majefté nous déférer , & en faire charger les
regiftres de cette Cour , pour être contre eux
informé.

2°. *Rétablir l'heureufe harmonie qui doit fub-*
fifter entre le Roi & la Nation.

Les liens d'affection qui uniffent les François à leur Roi peuvent, il eft vrai, fe re-

lâcher ; mais il eſt, pour ainſi dire, impoſſible qu'ils ſe rompent entièrement. Que
les impôts ſoient exceſſifs , les réclamations
étouffées ; que l'appareil effrayant du deſ-
potiſme élève un nuage autour du trône, le
peuple, trompé par ce phantôme, ſe livrera
peut-être , pour quelques inſtans , à une
impulſion de malveillance ; mais , que le
Monarque ſe montre, qu'il daigne dire à
cette nation courroucée : *Je ne ſuis point le
complice de vos ennemis , je vous aime encore,
& je déſire que vous m'aimiez ;* ces paroles
conſolantes diſſipent toutes les illuſions ;
& l'harmonie la plus parfaite ſe rétablit en
un inſtant.

La chûte de M. de Calonne , le rappel
du Parlement , la révocation des Edits
déſaſtreux qui nous effrayoient , ont déjà
en grande partie opéré cet effet ſi déſi-
rable. Ce ne ſont point là , ſans doute,
les derniers bienfaits que le Roi nous deſ-
tine ; il en eſt un qui éteindroit pour
jamais toute défiance , & que je voudrois
qu'il adoptât ; c'eſt l'abolition des lettres de
cachet.

cachet. Je ne vous répéterai pas tout ce qui a été dit depuis dix ans fur cette matière : je me bornerai à établir ces trois propofitions ; 1°. elles font inutiles ; 2°. elles font anti-conftitutionnelles ; 3°. les réclamations générales des parlemens ne tarderont pas à faire une néceffité de ce que la nation regarderoit aujourd'hui comme un bienfait gratuit. 1°. Les lettres de cachet font inutiles ; on les couvre vainement de la raifon d'Etat. Que le Roi fe faffe ouvrir la Baftille ; & je mets en fait qu'il n'y trouvera que les ennemis des Miniftres, & quelques hommes véritablement criminels, que le crédit de leurs familles a fouftraits au fupplice. Que le Roi rende les premiers à la fociété, & les feconds à l'échafaud ; il en réfultera deux biens : le cours de la juftice ne fera point interrompu ; le peuple la bénira, en voyant que perfonne ne peut s'y fouftraire ; & les Miniftres, réduits à déférer les calomniateurs à la rigueur des loix, ne pourront plus étouffer la médifance, que par une conduite irréprochable. A peine dans un fiecle arrive-t-il une circonftance où une politique bien entendue exige une incarcération illégale ; il feroit très-facile de faire une loi qui autorisàt ces précautions, les bornât à leur véritable objet ; &, fans retarder la détention , qui néceffairement doit être prompte , établìt des moyens légaux de la confirmer dans un court délai. 2°. Les lettres de cachet font illégales. Vous n'en trouverez la fource dans aucune loi. Un Franc n'eft obligé d'obéir qu'à la volonté légale du Souverain ; & la perte de fa liberté devient un acte de defpotifme , dès qu'il n'eft pas un facrifice fait à la loi. Je ne m'étendrai pas davantage fur cette propofition démontrée. 3°. Enfin , les premiers fuccès du parlement doivent néceffairement augmenter fon courage. Son attention s'eft déjà portée plus d'une fois fur les lettres de cachet ; elle s'y reportera encore ; & il eft abfolument impoffible , la matiere étant éclaircie, & l'opinion publique fixée, que le Miniftere réfifte un inftant à la premiere attaque légale qu'effuyeront les lettres de cachet.

Le retour du Roi dans Paris , des adou-
ciſſemens dans le code des chaſſes , & la
continuation des réformes rigoureuſes que
commence à ſubir la Maiſon du Roi , ſont
autant de moyens de rétablir l'harmonie
qui auroit toujours dû ſubſiſter entre le
Monarque & ſes Sujets.

*3°. Rendre déſormais impoſſible la fluctuation
perpétuelle dans les plans du Miniſtere.*

M. l'Archevêque de Sens a déjà pris
le meilleur moyen d'éviter cette fluctuation ; l'établiſſement déjà fait d'un conſeil
de guerre & d'un conſeil de finances , &
le projet d'en former de ſemblables dans
toutes les autres parties d'adminiſtration ,
ſont les barrieres les plus fortes qu'il ait pu
oppoſer à l'eſprit d'incertitude & de fluctuation , qui a été juſqu'ici le caractere du gouvernement François. Qu'il perſevere dans
ſes vues ; qu'il ſoutienne avec courage ces
établiſſemens utiles , & l'amour de la nation
le dédommagera au centuple de la malédic-
tion des courtiſans ; il rencontrera ſans

doute plus d'un obſtacle. La création d'un
conſeil, & l'établiſſement d'un ordre in-
variable dans la diſtribution des emplois,
choquent tant d'intérêts particuliers, &
repouſſent tant de prétentions ! Il faut me-
ſurer le nombre des places ſur les beſoins
de l'Etat, & non pas ſur la quantité des gens
à placer. L'homme le plus riche, s'il prend &
paye des ſerviteurs inutiles, ſe verra bientôt
ruiné. Il n'eſt aucun Miniſtre à qui l'on
n'ait dit cent fois : Il faut donner une place
à telle perſonne ; il le faut abſolument ;
s'il n'y a point d'emploi, il faut en créer
un : c'eſt un homme d'une eſpece, d'un
rang à être placé : il eſt impoſſible qu'il
ne le ſoit pas : que voulez-vous qu'il de-
vienne ? Le Miniſtre qui auroit froidement
répondu : L'Etat n'a beſoin de perſonne dans
ce moment : le nombre des gens employés
pourroit être diminué de moitié, & tout
n'en iroit que mieux : il ne faut pas dans un
troupeau que tout le monde ſoit chien ou
berger, il faut que quelqu'un daigne être
mouton : je ſuis le miniſtre du Roi, & ſes

intérêts doivent me toucher plus que les vôtres ; quant à vous , retournez dans vos terres, fi vous en avez ; exercez un métier, fi vous n'avez point de terres ; & perſuadez-vous bien qu'il eſt plus honnête d'être un citoyen vertueux, qu'un homme en place inutile. Le Miniſtre, dis-je , qui auroit tenu ce langage raiſonnable , ne feroit pas reſté deux jours en place ; mais celui qui pourra appuyer fes refus fur les déciſions d'un conſeil , fera le bien fans aucun danger. Je ne m'étendrai pas davantage fur les avantages inappréciables de l'établiſſement d'un conſeil ; je les regarde comme l'unique moyen de rendre déformais impoſſible la fluctuation perpétuelle dans les plans du Miniſtère.

4°. *Rendre à la population des provinces la plus grande partie de la nobleſſe , que l'amour du luxe & la cupidité retiennent à Paris & à la Cour.*

C'eſt encore à M. l'Archevêque de Sens que nous devons la prompte application de ce remède aux maux de l'Etat : *Ubi est corpus, ibi & congregabuntur aquilæ.* Les réformes nombreufes qu'il a commencées, la diminution des penfions, l'établiffement de l'ordre dans la diftribution des graces, font autant de moyens d'éloigner infenfi-blement de Verfailles tous ceux qui n'y venoient que pour obtenir ; & ceux qui, ne vivant que des bienfaits du Roi, fe voient forcés, par la diminution de leur revenu, à refluer dans la province, où les objets de confommation font moins chers. Les affem-blées provinciales ménageant à cette no-bleffe, & des moyens de s'occuper, & des moyens d'acquérir de la confidération, le courtifan deviendra citoyen, & perdra bien-tôt fa baffeffe & fes autres vices, qui ne tenoient véritablement qu'au local. Perfévérer dans fes vues, voilà le devoir du Miniftre : le bénir & l'encourager ; voilà le devoir de la nation.

5°. Soumettre à des réformes févères la claffe des hommes à argent.

Ce ne peut être que l'ouvrage des états-généraux. Le Roi ne peut opérer de grandes réformes dans ce genre ; parce que les plus grands abus tiennent, par l'état des chofes, aux plus grandes reffources de l'Etat.

6°. *Obvier, par de bonnes loix & une furveil-lance attentive fur les mœurs, aux inconvé-niens de la nouvelle philofophie.*

Ce dernier point eft important, il exi-geroit un développement trop long pour être placé dans une lettre. Vous verrez que les états-généraux porteront leur attention fur cet objet. Les états-généraux ! feul & unique remède qui les renferme tous en lui ; que la Nation doit défirer , parce que c'eft par eux feuls qu'elle eft véritablement na-tion ; que le Roi doit nous accorder, parce qu'ils font le vœu du peuple ; que l'Arche-vêque de Sens ne doit point craindre, parce que, n'ayant fait que du bien , il n'a que des éloges à recevoir ; les états-généraux, enfin, qui peuvent feuls régénérer la France, & retarder les triftes effets du temps & de la corruption publique.

F I N.

NOTES.

(*a*) D ICTAVERUNT *falicam legem proceres ipfius gentis, qui tunc temporis apud eam erant rectores. ... Hoc decretum eft apud Regem & Principes ejus, & apud cunctum Populum Chriftianum, qui intrà regnum Merovingorum confiftunt.* Anno 422, codex legum antiquarum, p. 399.

(*b*) *In placito Ingelheinenfi conveniunt pontifices majores, minores facerdotes, reguli, duces, comites, præfecti, cives, oppidani.* (Sorberus, p. 304.) --- Anno 788.

(*c*) *Capitula avi & patris noftri, quæ Franci pro lege tenendâ judicaverunt, & fideles noftri in generali placito noftro confervanda decreverunt.* --- Baluze, col. tom. 2. col. 231.

(*d*) Nous devrions, en nous corrigeant d'une manière fructueufe, réparer, autant qu'il fera en nous, d'après l'avis de nos féaux, ce qui, par notre ignorance & notre nonchalance, a été négligé jufqu'ici.

(*e*) Un feul jour a vu Servin parler pour la liberté, & expirer fous fes ruines.

* 9 7 8 2 3 2 9 6 7 3 0 5 9 *